1 | Hauptbahnhof

Der Naumburger Hauptbahnhof liegt an einer der meistbefahrenen Bahnstrecken Deutschlands, der 1846 eröffneten Thüringer Bahn. Der damals errichtete erste Bahnhofsbau wurde im Laufe der Jahre mehrfach erweitert, vor allem 1880 nach der Eröffnung der Unstrut-Bahn. 1906 wurden alle Gebäude abgerissen und bis 1915 durch den heutigen Neubau ersetzt, der einst sogar über ein eigenes Wartezimmer für allein reisende Damen verfügte. Um auch den Halt von Intercity-Express-Zügen zu ermöglichen, wurde der Bahnhof ab 2002 ausgebaut und komplett saniert. Mit der Eröffnung der Schnellstrecke von Berlin über Erfurt nach München 2017 hat Naumburg seinen Anschluss ans ICE-Netz schon nach wenigen Jahren wieder verloren.

Naumburger Straßenbahn

Seit 1892 verkehrt in Naumburg eine Straßenbahn. Die Strecke führte vom Hauptbahnhof ringförmig um die Innenstadt. Heute reicht sie noch vom Hauptbahnhof zur nordwestlichen Ecke der historischen Altstadt, umrundet diese dann entlang des ehemaligen Mauerrings und führt neuerdings (seit Dezember 2017) wieder bis zum Salztor. Mit einer Länge von knapp drei Kilometern ist die »Wilde Zicke« der kleinste Straßenbahnbetrieb Deutschlands.

2 | Oberlandesgericht

Über den Markgrafenweg und den bergauf führenden Bauernweg gelangt man zum Oberlandesgericht Naumburg, dem einzigen Oberlandesgericht des Landes

Max Klinger
1857–1920, Maler, Bildhauer und Grafiker. Nach Studien in Karlsruhe und Berlin entwickelte sich Klinger zum bedeutendsten deutschen Künstler des Symbolismus. Seit 1893 wirkte er in Leipzig. 1903 erwarb er außerdem in Großjena bei Naumburg einen Weinberg samt Wohnhaus und arbeitete hier viele Jahre. Auf dem »Klingerberg« fand er auch seine letzte Ruhe. Zu seinen Hauptwerken zählen die Denkmäler für Johannes Brahms (Hamburg) und Beethoven (Leipzig) sowie Porträtbüsten von Richard Wagner, Friedrich Nietzsche und Richard Strauss.

Sachsen-Anhalt. Das Dienstgebäude am Domplatz 10 entstand hoch über der Stadt Naumburg an Stelle der zu Beginn des 11. Jahrhunderts auf einem Plateau am Südufer der Saale errichteten »Nuwenburg« oder »Nuemburg«, die der Stadt später ihren Namen gab. Seit dem 13. Jahrhundert von den Dompröpsten genutzt, wurde sie in der Mitte des 18. Jahrhunderts abgebrochen.

Nach den antinapoleonischen Kriegen erhielt Naumburg das Oberlandesgericht der neu gebildeten preußischen Provinz Sachsen. Schon 1817 bezog man ein klassizistisches Gerichtsgebäude auf dem alten Burgberg, das 1914–1917 nach Plänen des Architekten Fritz Hoßfeld durch das heutige Gebäude im Stil des Neobarock mit Elementen des Jugendstils ersetzt wurde. Der Mittelteil des vierflügeligen, auch im Inneren aufwendig gestalteten Gebäudes ist besonders akzentuiert.

Ab 1945 diente das Gebäude als Sitz des Stabes einer sowjetischen Division, während das Oberlandesgericht nach Halle verlegt und dort 1952 aufgelöst wurde. Bei der umfassenden Sanierung 1992/96 wurde auch der von dem berühmten Maler und Bildhauer Max Klinger entworfene Brunnen »Abundantia« (die römische Göttin des Überflusses) aufgestellt, ein auf einer Schale liegender Mädchenakt mit überquellendem Füllhorn.

3 | Ägidienkurie

Besichtigung auf Anfrage fuehrung@naumburger-dom.de

Im Umfeld des Naumburger Domes befanden sich ursprünglich zahlreiche Kuriengebäude (Wohnbauten der Domherren). Erhalten sind die Ägidienkurie am Domplatz 8 und die Bischofskurie am Domplatz 1 (siehe Nr. 5). Von der nach dem Heiligen Ägidius benannten Kurie ist nur noch der zweigeschossige romanische Kapellenbau vorhanden, während der wertvollere Hauptbau 1894 abgerissen und durch das heutige zweigeschossige Gebäude ersetzt wurde. Erstmals wurde die Kurie 1305 urkundlich erwähnt, Baustil und Kapitellformen lassen jedoch eine frühere Entstehungszeit vermuten. Bemerkenswert ist das an der östlichen Seite befindliche Portal; es stammt aus der Zeit kurz nach 1532 und verfügt über Baldachine und Sitzkonsolen. Sehenswert ist ein in Teilen erhaltenes romanisches Tympanon mit der Darstellung der Ägidius-Legende sowie ein figürliches Kapitell mit der Personifizierung der Lilith bzw. Luxuria. Der viereckige Raum mit achtteiligem Kuppelgewölbe auf schmalen Säulen beeindruckt durch seine Akustik und wird daher für Konzertveranstaltungen genutzt.

Friedrich Wilhelm Kritzinger
1816–1890, Theologe. Der gebürtige Naumburger ging vor allem als Autor des bekannten Weihnachtsliedes »Süßer die Glocken nie klingen« in die Geschichte ein. Die Melodie für sein berühmtestes Werk übernahm er von einem aus Thüringen überlieferten Volkslied. Nach einem Studium der Theologie ging er 1852 als erster Direktor der Lehrerinnenbildungsanstalt nach Droyßig. Für die dortigen Morgenandachten komponierte er regelmäßig Lieder. Als er in den Ruhestand trat, zog er mit seiner Familie wieder nach Naumburg.

4 | Domschule St. Martin

Bereits 1028 wurde in Naumburg eine Klerikerschule angesiedelt. Aus dieser entwickelte sich später das Domgymnasium der Saalestadt, das in den 1950er Jahren geschlossen werden musste. Die 2001 gegründete »Domschule St. Martin«, die sich in der Tradition der früheren kirchlichen Schulen Naumburgs sieht, siedelte 2007 in die barocken Gebäude am Naumburger Dom (Domplatz 3) über. Ursprünglich hatte hier die »curia iuxta« mit der Martinskapelle gelegen, die 1808 abgerissen worden war – von ihr stammen noch die beiden Inschrifttafeln in der Toreinfahrt des Hauses. Heute besuchen etwa 100 Kinder die evangelische Ganztagsgrundschule. Außerdem befindet sich die Domsingschule der Kirchengemeinde Naumburg unter dem Dach der Domschule St. Martin.

5 | Domplatz

Am Domplatz 1 befindet sich das zur Domstiftung gehörende Ensemble der ehemaligen **Bischofskurie**. Die heutigen Baukörper stammen aus den Jahren 1564–1581, doch ist anzunehmen, dass damals ein wesentlich älterer,

Rechts: Ekkehard-Brunnen
auf dem Domplatz

4

Ehemalige Bischofskurie

Ekkehard II.

Um 985–1046, Markgraf von Meißen. Der letzte Herzog des Geschlechts der Ekkehardiner ist vor allem bekannt, weil er zu den zwölf Stiftern des Naumburger Doms gehört. Er war ab 1038 Markgraf von Meißen. Auf Wunsch des Kaisers verlegte er den Bistumssitz von Zeitz nach Naumburg. Da seine Ehe mit Uta von Ballenstedt kinderlos blieb, vermachte er einen Großteil seines Nachlasses der Stiftskirche St. Cyriakus zu Gernrode.

durch Brand teilweise zerstörter Vorgängerbau lediglich wieder auf- und umgebaut wurde. Es entstand ein nüchterner zweigeschossiger Wohnbau im Stil der Spätrenaissance mit leicht geschweiften Giebeln. Ein großes Tor und eine schmale Pforte führen vom Domplatz in den Hof, wo man den im Grundriss quadratischen Wohnturm mit seinen vier Geschossen erblickt, dessen älteste Teile bis in die Frühzeit des Bistums im 11. Jahrhundert zurückreichen. Es wird vermutet, dass der Turm ursprünglich als Wohnsitz der Bischöfe diente, bis sie im 13. Jahrhundert in die »Nuwenburg« (siehe Nr. 2) übersiedeln konnten.

Auf dem Domplatz, direkt vor dem Dom, steht der **Ekkehard-Brunnen**. Gebaut wurde er in der Nähe eines benachbarten Grundstücks mit dem Namen »Zum Mohren«, weshalb er im Volksmund auch als »Mohrenbrunnen« bekannt war. 1856 wurde er an die heutige Stelle versetzt und bekam ein völlig neues Aussehen. Das große achteckige Becken, vermutlich nach dem Brand des Doms und der Domfreiheit 1532 geschaffen und mit spätgotischem Blendmaßwerk geschmückt, wurde 1858 um das Standbild des als Domstifter verehrten Markgrafen Ekkehard II. ergänzt, eine Nachbildung der Stifterfigur aus dem Dom, die der Steinhauermeister Thieme aus Halle schuf.

6 | Dom St. Peter und Paul

Besichtigung Apr.–Okt.: Mo–Sa 9–18 Uhr, So ab 11 Uhr;
Nov.–März: Mo–Sa 10–16 Uhr, So ab 12 Uhr
Domführung Apr.–Okt.: Mo–Do 10/14 Uhr,
Fr/Sa 10/14/16 Uhr, So 12/14/16 Uhr;
Nov.–März: Mo–Do 11 Uhr, Fr/Sa 11/14 Uhr, So 12/14 Uhr;
Turmführung Apr.–Okt.: Fr–So 15 Uhr

Bereits von weither sichtbar sind die vier Türme des Naumburger Doms, die seit Jahrhunderten das Wahrzeichen der Stadt an der Saale bilden. Mit seiner spätromanischen und gotischen Architektur gehört St. Peter und Paul zu den bedeutendsten Baudenkmalen Deutschlands. Heute wird der Dom, die ehemalige Kathedrale des Bistums Naumburg, von einer Stiftung verwaltet – den Vereinigten Domstiftern zu Merseburg und Naumburg und des Kollegiatstifts Zeitz.

Im Jahr 1028 verlegte Kaiser Konrad II. auf Drängen der Brüder Hermann I., Markgraf von Meißen, und Ekkehard II. den Bischofssitz von Zeitz, das als unsicher galt, nach Naumburg. Unmittelbar darauf begann der Bau einer ersten, frühromanischen Kathedrale, die vor 1044 geweiht wurde und das Patrozinium Peter und

Bischof Engelhard
Gest. 1242. Engelhard wirkte ab 1206 als Bischof von Naumburg. In der Gefolgschaft von Kaiser Otto IV. reiste er u. a. nach Italien, wechselte jedoch 1213 im Streit mit Friedrich II. die Seiten, was einen Rachefeldzug Ottos IV. durch das Bistum Naumburg zur Folge hatte. Engelhard setzte sich nachdrücklich für den Wiederaufbau des Naumburger Doms ein. Im hohen Alter zog er sich aus der Reichspolitik zurück und widmete sich überwiegend der Fertigstellung des Naumburger Doms. Vermutlich hat er hier auch seine letzte Ruhestätte gefunden. Eine Abbildung von ihm befindet sich am sogenannten Apostelfester im Westchor.

Paul von der Zeitzer Kirche übernahm. Es handelte sich um eine dreischiffige, kreuzförmige Basilika, die kleiner als der heutige Dom war, für ihre Zeit aber beträchtliche Ausmaße hatte – bei Ausgrabungen konnten die Fundamente wiedergefunden werden, sodass man weiß, dass die Gesamtlänge mehr als die Hälfte des heutigen Baus betrug und die Breite sogar fast die heutigen Dimensionen erreichte. Unter Bischof Engelhard wurde der Platz planiert und um 1210 mit der Errichtung eines spätromanischen Neubaus begonnen, der 1242 geweiht werden konnte, wobei Bauteile der Vorgängerbauten einbezogen wurden. Um 1230 entstand der **Ostlettner**, eine aufwendig gestaltete Schranke zur Abgrenzung des Langhauses (des Raumes der Laiengemeinde) vom Chor (dem Raum der Geistlichkeit). Er ist das älteste erhaltene Beispiel eines Hallenlettners in Deutschland.

Wohl auf Veranlassung des Wettiner Markgrafen Heinrich von Meißen folgte zwischen 1245/50 und 1260 die Errichtung des frühgotischen Westchores. Dabei entstand auch der **Westlettner**. Er gehört mit seinen Passionsreliefs und der Kreuzigungsgruppe im Portal zu den Hauptwerken des »Naumburger Meisters«. Dieser war nicht nur der Architekt des Westchores, sondern wahrscheinlich auch der leitende Bildhauer: Er dürfte die im Westchor aufgestellten, weltberühmten **Stifterfiguren** entworfen und an einigen selbst mitgearbeitet haben. Dargestellt sind unter anderem die Erststifter der Naumburger Domkirche: die Brüder Ekkehard II. und Hermann I., Markgrafen von Meißen, und ihre Ehefrauen Uta und Reglindis. Diese einzigartige Darstellung von Laien an einem Platz, der eigentlich Heiligenbildern oder -figuren vorbehalten war, könnte mit der im Hochmittelalter üblichen Stifterverehrung erklärt werden. Die Standbilder im Naumburger Westchor ersetzten demzufolge Stiftergrabmäler, die im Zuge des spätromanischen Domneubaus aufgegeben werden mussten. Zwei weitere Bildwerke aus der Werkstatt des Naumburger Meisters befinden sich im Hochchor: das Grabmal Bischof Dietrichs II. und das lebensgroße Standbild eines Diakons mit Lesepult.

Im Westchor befand sich ursprünglich ein Marienaltar, für den Lucas Cranach d. Ä. 1519 ein dreiflügeliges Altarretabel schuf. Während das mit einer Darstellung der Gottesmutter Maria mit Kind versehene Mittelteil

Naumburger Meister ist der Notname eines namentlich nicht bekannten Steinbildhauers, der in der Mitte des 13. Jahrhunderts wirkte. Seine Skulpturen zählen zu den bedeutendsten Kunstwerken des Mittelalters. Ausgebildet wurde er sehr wahrscheinlich in Nordfrankreich zur Blütezeit der Hochgotik. Um 1225 war er in Noyon, Amiens und Reims tätig, etwa ab 1230 arbeitete er in Mainz am Dom. Danach zog er weiter nach Osten. Der Westchor des Naumburger Doms mit den zwölf Stifterfiguren und der vorgelagerte Lettner gelten als sein Hauptwerk, weshalb er die Bezeichnung Naumburger Meister erhielt. Seiner Werkstatt werden außerdem die um 1260 entstandenen Stifter- und Patronatsfiguren im Meißner Dom zugerechnet.

Stifterfiguren: Ekkehard II. und seine Ehefrau Uta

des Retabels 1541 zerstört wurde, blieben die großformatigen Seitenflügel mit der Darstellung der beiden Stifterbischöfe und verschiedener Heiliger erhalten. 2022 wurden die beiden originalen Flügel um ein von dem Leipziger Künstler Michael Triegel neu geschaffenes Mittelteil sowie eine Predella ergänzt. Dies führte zu Streitigkeiten mit der UNESCO, die drohte, dem Dom den Welterbe-Status abzuerkennen. Eine Entscheidung zum künftigen Umgang mit dem Marienaltar steht noch aus.

Von hohem künstlerischem Wert sind auch die **Glasmalereien** in den Fenstern, die zum Teil noch aus der Bauzeit des Chores stammen.

Ein mutwillig gelegter Brand beschädigte 1532 den Dom schwer. Das Feuer zerstörte die Dächer, große Teile der Ausstattung und weite Flächen des Mauerwerks. Die Brandschäden wurden teilweise erst im 19. Jahrhundert endgültig beseitigt. 1711 und 1713 erhielten die östlichen **Türme** Barockhauben mit Laternen. Die reiche Barockausstattung aus den 1730er Jahren wurde durch eine puristische Restaurierung von 1874 bis 1878 wieder beseitigt. 1884 konnte der Südwestturm im Stil der Neogotik vollendet werden, auch der Nordwestturm erhielt eine neogotische Haube.

Die **Krypta** zeigt deutliche Spuren ihrer verschiedenen Bauphasen: Der Mittelteil von 1160/70 sowie das aus Holz geschnitzte romanische Kruzifix stammen noch aus der Zeit des ersten Naumburger Doms. Beim spätromanischen Neubau wurde auch die Krypta unter dem Ostchor entsprechend erweitert.

Im Erdgeschoss des Nordwestturmes befindet sich die **Elisabethkapelle**, ein quadratischer Raum, der der Heiligen Elisabeth von Thüringen geweiht ist. Sie ist 2007, anlässlich des 800. Geburtstags Elisabeths, vom Innenraum des Domes wieder zugänglich gemacht worden und dient als »Raum der Stille«. Sie enthält eine Elisabethstatue, die um 1240, also unmittelbar nach ihrer Heiligsprechung, entstand und damit die älteste Skulptur der Heiligen darstellt, sowie drei Glasfenster, die 2007 von dem Maler Neo Rauch, dem prominentesten Vertreter der »Neuen Leipziger Schule«, gestaltet wurden. Die drei Fenster zeigen idealisierte Szenen aus dem Leben Elisabeths.

An der Ostseite der Klausur ist die spätgotische **Dreikönigskapelle** aus dem Jahr 1416 erhalten. Bei dem Brand

Oben: Lebensgroßes Standbild eines Diakons mit Lesepult im Westchor
Rechts: Kreuzgang

Blick zum Westlettner

Affe und Meerkatze

An einer Säule an der Nordseite des Ostchores entdeckt man einen Affen und eine Meerkatze, die miteinander Schach spielen. Der Sage nach stritten einstmals zwei Domherren darüber, ob Luther mit seiner neuen Lehre dem Papst gefährlich werden könne. Einer meinte, dies werde niemals geschehen: »Eher als die neue Lehre nach Naumburg kommt, müsste ich glauben, dass meine beiden Äffchen daheim das Schachspiel erlernen.« Als der Domherr nach Hause kam, fand er zu seinem Erstaunen seine zwei Affen am Schachbrett sitzend vor, die die Figuren hin- und herrückten, wie sie es oft bei ihrem Herrn gesehen hatten.

von 1532 erlitt sie schweren Schaden und wurde danach zumindest im Untergeschoss für verschiedene profane Zwecke genutzt, u. a. als Lagerraum, als Untersuchungsgefängnis und als Spritzenhaus. Der spätgotische Bau ist zweigeschossig und jeweils zweijochig. Die untere, später mehrfach veränderte Kapelle, hatte das Patrozinium des Hl. Nikolaus, die obere mit Sterngewölbe war wie vermutlich bereits im Vorgängerbau den Heiligen Drei Königen geweiht. Außen an der Ostwand (vom Domplatz aus sichtbar) steht eine Figurengruppe, die die Anbetung der Heiligen Drei Könige zeigt.

Südlich des Kreuzgangs befindet sich die um 1247 erstmals erwähnte **Pfarrkirche St. Marien**, die nach einem Brand erst im 19. Jahrhundert wieder hergestellt wurde. Vom Vorgängerbau sind der Chor sowie Reste der Außenwände eines gotischen Neubaus erhalten.

An der Südseite des Domes befindet sich eine überwiegend spätromanische **Klausur**. Da sie im Jahr 1244 nachweislich noch nicht vorhanden war, muss sie in der zweiten Hälfte der vierziger Jahre errichtet worden sein. Um 1270 wurde ein Kreuzrippengewölbe eingezogen. Während Ost- und Nordtrakt weitgehend in der spätromanischen Form erhalten blieben, sind im West- und Südtrakt nur noch Reste davon erhalten. Diese Flügel stammen weitgehend aus der Hoch- und Spätgotik und wurden außerdem im 19. Jahrhundert beträchtlich verändert. Das ursprüngliche Vorhandensein von zwei Klausuren ist bemerkenswert und hängt mit den beiden an der Kirche bestehenden Stiften zusammen. Die nördliche Klausur diente wohl zunächst für die Kapitularen des Domes, dann für die der Marienstiftskirche, nachdem die südliche für die Geistlichen des Domes erbaut worden war.

In fünf spätromanischen Gewölben unter dem Westflügel des Kreuzgangs werden im **Domschatzgewölbe** Kostbarkeiten des Mittelalters und der Renaissance präsentiert.

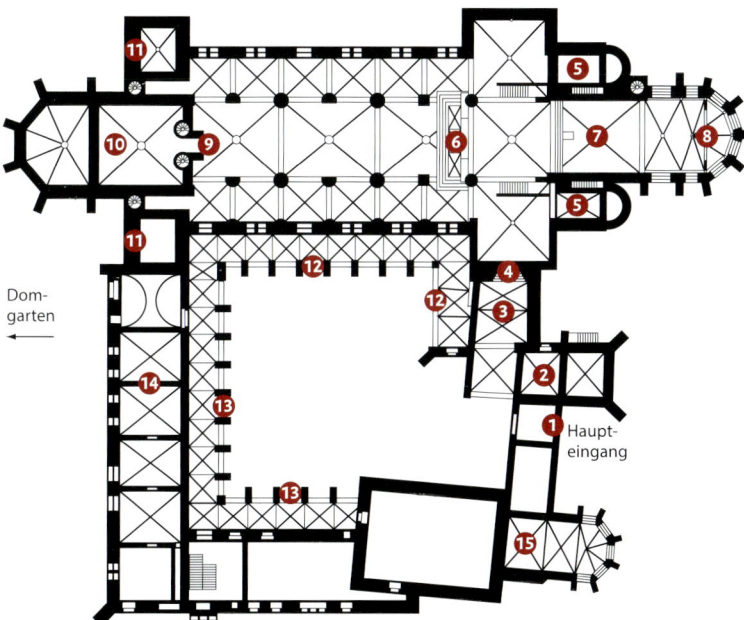

1 Torhaus
2 Dreikönigskapelle
3 Südliche Querhausvorhalle
4 Säulenportal (romanisch)
5 Osttürme mit Apsiden
6 Ostlettner
7 Ostchor (spätromanisch) mit
   darunterliegender Krypta
8 Polygon (hochgotisch)
9 Westlettner
10 Westchor mit Stiftern
11 Westtürme
12 Nord- und Ostflügel des Kreuzganges
   (spätromanisch)
13 West- und Südflügel des Kreuzganges
   (spätgotisch)
14 Domschatzgewölbe
15 Marienkirche

Hauszeichen am ehem.
Gerber-Haus (Steinweg 5)

7 | Steinweg

Der Steinweg, der die Domfreiheit mit der Bürgerstadt verbindet, gehört zu den ältesten Straßen der Stadt – sein Name verweist darauf, dass er eine der ersten gepflasterten Straßen gewesen ist. Seine Ersterwähnung geht auf das Jahr 1478 zurück. Die meisten Häuser, die ursprünglich hier standen, sind den verheerenden Stadtbränden, zuletzt denen von 1714 und 1716, zum Opfer gefallen. Damals überstanden nur wenige Häuser die Katastrophe. Heute zählt die Straße mit ihren zahlreichen kleinen Geschäften, Cafés und Restaurants zu den touristischen Attraktionen auf dem Weg zum Stadtzentrum. Beim Flanieren entdeckt man manches interessante Detail, so etwa das Haus der alten Mohrenbäckerei (heute »Mohrencafé am Dom«) an der Ecke von Domplatz und Steinweg mit einer Steintafel, die einen Mohren zeigt und an den Brand von 1714 erinnert, oder das barocke Hauszeichen am ehemaligen Gerber-Haus (Steinweg 5) mit zwei Ziegenböcken und der Inschrift: »Ach wir armen Ziegenböcke / Wie bereit man unsere Röcke / Auf Roth, Gelb, Grün u. Schwartzen Corduan / Damit bedient sich jedermann.«

8 | Herrenstraße

Am Ende des Steinweges trifft man auf den Lindenring. Die breite Allee wurde im 19. Jahrhundert angelegt, nachdem man die mittelalterlichen Befestigungsanlagen beseitigt und den Stadtgraben aufgefüllt hatte. Als grüner Gürtel zieht sich die Allee (mit wechselnden Namen) seitdem komplett um die Altstadt.

Jenseits des Lindenringes gelangt man in die Herrenstraße – angeblich so genannt, weil die Domherren hier entlang zum Markt gingen. Am Beginn der Straße stand seit 1393 das sogenannte Herrentor, das jedoch bereits 1821 abgetragen wurde. Da die Herrenstraße keine Bedeutung für den überregionalen Handel und Verkehr hatte, finden sich in ihr auch keine großen Kauf- und Wohnhäuser oder bedeutende Gasthöfe, jedoch eine Vielzahl schöner Bürgerhäuser, die in den letzten Jahren liebevoll restauriert wurden. Am Haus Nr. 8 ist ein

Rechts: Blick in die
Herrenstraße

Relieftafel an der Lorbeerbaum-Apotheke

Renaissance-Erker von 1525 zu sehen, das Erdgeschoss des Hauses besitzt ein Kreuzgratgewölbe. Besonders hervorzuheben ist die »Lorbeerbaum-Apotheke« (Herrenstraße 2) mit ihrem zweigeschossigen Erker samt vergoldeter Relieftafel mit Lorbeerbaum zwischen zwei Giganten von 1645; das Haus selbst wurde bereits um 1600 errichtet und zählt zu den ältesten erhaltenen Handelshäusern der Stadt. Unmittelbar daneben entdeckt man ein Bürgerhaus im Stil der Renaissance (Herrenstraße 1), erbaut nach 1593 mit Sitznischenportal und eingeschossigem Halbrunderker auf einer Löwenkonsole.

9 | »Hohe Lilie«

Stadtmuseum Di–So 10–17 Uhr

An der Einmündung der Herrenstraße in den Marktplatz befindet sich mit dem Haus zur »Hohen Lilie« eines der bemerkenswertesten Bürgerhäuser der Naumburger Altstadt. Der straßenseitige Turm, eine sogenannte Kemenate, wurde bereits in der Mitte des 13. Jahrhunderts errichtet – damit ist die »Hohe Lilie« das älteste Naumburger Bürgerhaus. Die Fassade zeigt einen spätgotischen Staffelgiebel und Renaissance-Fenster, die auf einen Umbau um 1525/26 zurückgehen. Der Küchenbau, der westlich an die Kemenate anschließt, stammt im Erdgeschoss wohl noch aus dem 15. Jahrhundert, während Obergeschoss und Dachstuhl nach 1517 errichtet wurden – im Obergeschoss befand sich eine Küche, die fast 500 Jahre lang benutzt wurde. Als drittes kam der Nordbau (um 1532) hinzu, der nördlich an den Turm anschließt. Ein vierter Erweiterungsbau stammt aus der Barockzeit. Ursprünglich ein selbständiges Gebäude, wurde es erst nach 1760 mit den übrigen Gebäudeteilen zusammengelegt. Der damalige Besitzer, der Textilkaufmann Adam Friedrich Bretschneider, gab seinem Haus dann den Namen »Hohe Lilie«. Seit 1999 befindet sich im Haus das Stadtmuseum. Hier werden die Spuren der 750 Jahre dauernden Nutzung der Gebäude gezeigt, ergänzt um Exponate zur Stadtgeschichte, die exemplarisch die Entwicklung einer bürgerlichen Kommune erfahrbar machen.

Botho Strauß
Geb. 1944, Schriftsteller. Strauß verließ schon als Kind mit den Eltern seine Geburtsstadt Naumburg. Nach dem Studium der Germanistik wurde er als freier Schriftsteller einer der erfolgreichsten und meistgespielten zeitgenössischen Dramatiker auf deutschen Bühnen. Mit seinen kontrovers diskutierten demokratie- und zivilisationskritischen Essays – allen voran »Anschwellender Bocksgesang« (1993) – hat er sich als hellsichtiger Analytiker erwiesen, der seiner Zeit um Jahrzehnte voraus war.

10 | Rathaus

»Ratskeller« Mo/Di 17–22.30 Uhr,
Mi–Sa 11–14.30/17–22 Uhr, So 11–14 Uhr

Von der »Hohen Lilie« sind es nur wenige Schritte, bis man auf dem eindrucksvollen Naumburger Markt steht. Den architektonischen Mittelpunkt bildet das aus der Zeit der Renaissance stammende Rathaus, das nach dem großen Stadtbrand von 1517 von Hans Witzleube unter Verwendung dreier Vorgängerbauten bis 1528 errichtet wurde. Besonders die eindrucksvollen Rundgiebel verleihen dem Gebäude einen hohen kunstgeschichtlichen Wert, bilden sie doch das erste Beispiel einer Anwendung dieses aus Norditalien stammenden Bauelements an einem Bauwerk in Deutschland. Ebenso sehenswert ist das reich verzierte und sehr farbenfrohe Hauptportal von 1612, das im Stil der Spätrenaissance gestaltet wurde.

Im Inneren des Rathauses beeindrucken besonders zwei Ratszimmer – das Hochzeitszimmer und das Vierjahreszeitenzimmer, die mit prunkvollen Stuckdecken geschmückt sind. Seit 2014 wird im neueröffneten Ratskeller wieder Bier gebraut – mit handwerklichem Können, weit weg vom Einheitsgeschmack der Industriebiere.

11 | Markt

Tourist-Information (Markt 6) Mo–Fr 9–18 Uhr, Sa 9–14 Uhr, Tel. 03445 27 31 25

Der Naumburger Marktplatz, das Zentrum der Bürgerstadt, gehört mit seiner stilistischen Geschlossenheit zu den architektonisch schönsten Plätzen des 16. Jahrhunderts in Deutschland. Nach den aufwendigen Sanierungsarbeiten der letzten Jahre erstrahlen die ihn säumenden Gebäude heute wieder in alter Pracht. Viele Häuser besitzen noch immer hohe, mehrgeschossige Dachböden. Sie erinnern daran, dass Naumburg vom Mittelalter bis ins 18. Jahrhundert hinein eine bedeutende Messestadt gewesen ist. Seine heutige Gestalt erhielt der Markt nach dem verheerenden Stadtbrand von 1517. Imposante und repräsentative Bürger- und Geschäftshäuser im Stil der Renaissance und des Barocks künden vom einstigen Reichtum der Stadt.

Links neben dem Rathaus findet sich die **Löwen-Apotheke** (Markt 2) mit dem Apothekenmuseum (Führungen nach Vereinbarung, Tel. 03445 241 10). Im Haus Markt 3 wohnte Martin Luther 1521 auf seiner Fahrt zum Reichstag in Worms. Am Gebäude befindet sich das älteste de-

Naumburger Messe

Die nach den beiden Schutzheiligen der Stadt bezeichnete Peter-Pauls-Messe existierte seit 1278, erhielt 1514 von Kaiser Maximilian I. offiziell das Messeprivileg und konkurrierte bis ins 18. Jahrhundert hinein mit den großen Leipziger Messen. Im Wirtschaftsleben Thüringens und Sachsens nahm sie einen wichtigen Platz ein. Heute wird unter ihrem Namen jährlich am letzten Juni-Sonntag eine Handwerks- und Handelsmesse veranstaltet, auf der sich anlässlich des Kirschfestes regionale historische Gewerke wie Bürstenmacher, Steinmetze, Drucker oder Schmiede vorstellen.

Residenz (Markt 7)

Wenzel von Böhmen

Um 908–929 oder 935, böhmischer Fürst aus der Dynastie der Přemysliden. Wenzel war Herrscher einer kleinen Region um Prag und zugleich Oberhaupt des böhmischen Stammesverbandes. In seiner kurzen Regierungszeit musste er sich dem ostfränkischen König Heinrich I. unterwerfen. Er hatte auch mit Gegnern aus Reihen der übrigen böhmischen Großen zu kämpfen und wurde schließlich von seinem Bruder Boleslav I. getötet. Noch im 10. Jahrhundert setzte seine Verehrung als Heiliger ein. Er war Hauspatron der Přemysliden und wurde im Hochmittelalter zum böhmischen Landespatron. In Tschechien ist sein Todestag am 28. September staatlicher Feiertag.

Wenzelsbrunnen

taillierte Bürgerhausportal der Stadt – die Inschrift lautet »verbum domini manet in aeternum – des her wort bleibt in ewigkeit esaija X 1542«.

Auf der Südseite, vor der Wenzelskirche, liegt das sogenannte **Schlösschen** (Markt 6, Abb. siehe S. 29). Erstmals 1379 als Kaufhaus erwähnt, stammt der heutige Bau von 1541. Hans Witzleube stattete das Haus wie das zuvor von ihm errichtete Rathaus mit Rundbogengiebeln aus. 1543 folgte ein Anbau als Amtssitz für den ersten (und einzigen) evangelischen Bischof von Naumburg, Nikolaus von Amsdorf. Heute hat hier die Tourist-Information Naumburg ihren Sitz.

Die sogenannte **Residenz** (Markt 7) entstand 1652/53 im Stil der Spätrenaissance als Sitz des Herzogs Moritz von Sachsen-Zeitz, der allerdings nur zehn Jahre hier lebte und dann nach Zeitz in sein neues Schloss Moritzburg umzog. Da das Naumburger Haus von vornherein als Übergangslösung gedacht war, wurde die Fassade recht schlicht gestaltet und nur am westlichen Seitenflügel ein repräsentatives Portal angebracht. Seit 1821 wird es als Gerichtsgebäude genutzt (heute Amtsgericht).

Ein Marktbrunnen wurde erstmals 1459 erwähnt. Der heutige **Wenzelsbrunnen** unter einer Linde am südöstlichen Platzrand stammt aus der Mitte des 16. Jahrhunderts. Er ist mit einer Figur des Heiligen Wenzel, des Schutzpatrons der Stadtkirche, geziert. Wenzel ist als Ritter dargestellt mit Rüstung, Schwert und Lanze, macht aber einen durchaus friedlichen Eindruck und dient bis heute (neben Uta) als Identifikationsfigur für die Naumburger.

Gegenüber dem Rathaus ist vor allem auf das **Kaysersche Haus** (Markt 10) hinzuweisen, eines der prächtigsten Gebäude Naumburgs. Seine Rundbogengiebel im Stil der Frührenaissance korrespondieren mit den gleichartigen Giebeln am Rathaus und am Schlösschen. Besonders das mit reichen Schnitzereien verzierte Portal aus Eichenholz (um 1680) fasziniert die Betrachter immer wieder aufs Neue. 1547 weilte Kaiser Karl V. in Naumburg – daran erinnert der Reichsadler über dem Portal.

An der Nordseite des Marktes, an der Einmündung der Marienstraße, steht das **Hotel Stadt Aachen** (Markt 11). Die drei verbundenen Gebäude bestehen größtenteils aus einem aus dem Mittelalter stammenden Handelsgebäude, das zu Beginn der 1990er Jahre zum Hotel umgebaut wurde.

Kaysersches Haus

Eine Marmortafel am Haus Markt 13 erinnert an Luthers Besuch in Naumburg im Januar 1542 – am 20. Januar vollzog der Wittenberger Reformator die Ordination von Nikolaus von Amsdorf zum ersten evangelischen Bischof des Bistums Naumburg-Zeitz.

In dem von 1733 stammenden Barockhaus Markt 14 haben sich spätmittelalterliche Gewölbe erhalten. Unübersehbar ist die Darstellung der Taufe Christi durch Johannes den Täufer am benachbarten Bürgerhaus Markt 15, das heute von einem Optiker genutzt wird. Das Haus der Parfümerie Schotte (Markt 17), die auf eine mehr als 300-jährige Tradition als Seifensiederei zurückgeht und mittlerweile in neunter (!) Generation geführt wird, beeindruckt mit seinem zweigeschossigen, reich verzierten Erker aus dem 18. Jahrhundert.

Auf dem Marktplatz finden ganzjährig am Montag, Mittwoch und Samstag Wochenmärkte statt, dazu Sondermärkte wie die Taubenmärkte im Januar und Februar (jeweils am 2. und 4. Samstag) oder der Töpfermarkt am letzten August-Wochenende, zu dessen Eröffnung stets die spektakuläre Szene aus »König Drosselbart« aufgeführt wird, bei der ein Reiter einen Töpferstand zerstört.

Markt 15: Hauszeichen mit der Taufe Christi

12 | Marienstraße

Portal am Simson-Haus

Hinter dem Kayserschen Haus geht der Rundgang weiter durch die Marienstraße. Ihrem rechtwinkligen Verlauf folgte einst der Handelsweg nach Norden Richtung Halle. Das Haus Nr. 7, in dem sich laut vergoldeter Inschrift einst die »Konditorei und Bierklause Seiferth« befand – eine etwas eigenartige Kombination –, weist eine ungewöhnliche Fassadengestaltung auf: Scherenschnittmotive von Walter Hege, die die Kirschfestsage erzählen. Schräg gegenüber findet sich mit dem Haus Nr. 8/9 ein Beispiel der Fachwerkbauweise, in der nach dem Stadtbrand von 1517 viele Bürgerhäuser wiedererrichtet wurden. Am Simson-Haus (Marienstraße 12a) ist das Portal besonders bemerkenswert, ein künstlerisches Meisterwerk der Renaissance von 1574 mit Hochreliefs der Apostel Petrus und Paulus; in der Supraporte ist der Kampf Simsons mit dem Löwen dargestellt; das Deckfries ist mit der Inschrift versehen: »Den From[m]e[n] gibt Got[t] Gut[e]r die da bleiben und was er bescheret das gedeiet im[me]rdar.« Weitere schöne Portale und Hauszeichen finden sich an den Häusern Marienstraße 14 (Zur weißen Taube, 1785), 15 (Zum Löwen, um 1560), 22 (Zum goldnen Hufeisen, 1703), 24 (Zum goldnen Kranich, 1720) und 29 (Zum güldenen Elephanten, 1618).

Das **Naumburger Kirschfest**, das jedes Jahr am letzten Juni-Wochenende stattfindet, ist seit dem 16. Jahrhundert belegt. Erst später brachte man das Fest mit der sagenhaften Belagerung Naumburgs durch die Hussiten 1432 in Verbindung. Der Schullehrer habe in weiße Büßerhemden gekleidete Kinder vor die Tore geschickt, um beim Hussiten-Feldherrn Prokop um Gnade zu bitten. Dieser habe das Gesuch erhört und den Kindern sogar Kirschen geschenkt. Tatsächlich aber ist Naumburg nie von den Hussiten belagert worden.

13 | Marien-Magdalenen-Kirche

Besichtigung auf Anfrage Tel. 03445 20 15 16

Die barocke, aber schlichte Saalkirche am Marienplatz wurde als Hospitalkirche bereits in der ersten Hälfte des 12. Jahrhunderts begründet, jedoch 1544 wieder geschlossen. Das heutige Kirchengebäude entstand ab 1712 als Friedhofskirche, die nach 18 Jahren Bauzeit geweiht wurde. In der Zeit der napoleonischen Besetzung wurde sie profaniert, 1821 jedoch, nach Beseitigung der baulichen Schäden, wieder geweiht.

Besonders sehenswert ist die mit Stuckaturen überspannte Spiegeldecke von 1718, die dem Italiener Bernhardo Brentani zugeschrieben wird. Das mittlere Fresko stellt das Jüngste Gericht dar, weitere darum gruppierte

Fresken zeigen die Seligkeiten, Christus, den Tod und die Hölle (1727 von Wilhelm Rössel vollendet). Seit 1785 erklingt in der Kirche eine Orgel des Rodaer Orgelbaumeisters Christian Friedrich Poppe, die allerdings im Jahr 1869 ein neues Windwerk aus der Werkstatt von Friedrich Ladegast erhielt und bis heute bei regelmäßig stattfindenden Konzerten bewundert werden kann.

Detail am Marientor

14 | Marientor

Apr.–Okt.: Di–So 10–16.30 Uhr

Das Marientor ist das einzige noch erhaltene der fünf Stadttore, die zur Stadtbefestigung Naumburgs gehörten. 1455 begann man das alte Marientor auszubauen, und es erhielt seine zwingerartige Form mit dem Doppeltor und dem den Innenhof umgebenden Wehrgang durch den Meister Ambrosius Weise. Die späte Form der mittelalterlichen Barbakane ist heute in Mitteldeutschland einzigartig.

Seit 1511 wurden die Mauern des Marientores ausgeschmückt. Über dem äußeren Tor errichtete man Gewölbe, sodass Räume entstanden, die im Verteidigungsfalle zum Aufstellen der Kanonen dienen konnten. Später befand sich darin die Wohnung des Torwächters. Etwa vom Beginn des 16. bis zum Ende des 19. Jahrhunderts diente der Turm als Gefängnis.

Gegen Ende des 18. Jahrhunderts erfolgte der Bau des Zollhäuschens seitlich der Barbakane. In ihm konnten sich die Zöllner aufhalten, später wurde es als Wohnung und auch als öffentliche Toilette genutzt. Heute findet man darin eine interessante Ausstellung zur Geschichte der Stadtbefestigung. Vom Turm des Marientors bietet sich ein schöner Blick über Naumburg.

In den 1990er Jahren begann man, das Tor umfassend zu sanieren, und entschloss sich, gegen eine überwältigende Mehrheit der Bevölkerung, die dazu befragt wurde, die Mauern des Tores zu verputzen. Das Marienbild, das sich jahrelang im Stadtmuseum befunden hatte, ist heute wieder an seinem alten Standort am äußeren Tor zu sehen. Allerdings vermisst man das auf unerklärliche Weise abhanden gekommene Jesuskindlein auf dem Arm der Jungfrau Maria.

In den Sommermonaten finden im Innenhof und auf dem Marienplatz regelmäßig musikalische Open-Air-Veranstaltungen und Theateraufführungen statt.

Friedrich Nietzsche
1844–1900, Philosoph. Die Familie des Philosophen zog 1850, nach dem frühen Tod des Vaters, nach Naumburg. Hier besuchte Nietzsche das Domgymnasium, anschließend die nahe gelegene Landesschule Schulpforta. Nach dem Studium der klassischen Philologie wurde er Professor in Basel. Ab 1889 litt er unter einer schweren psychischen Krankheit, die ihn arbeitsunfähig machte. Als Pflegefall verbrachte er den Rest seines Lebens in der Obhut seiner Mutter, dann seiner Schwester in Naumburg und Weimar. Die Wirkung seiner Texte hält bis heute an, besonders umstritten sind seine Konzepte des »Übermenschen« und des »Willens zur Macht«, die vom NS-Regime leicht missbraucht werden konnten.

15 | Nietzsche-Denkmal am Holzmarkt

Vom Marienplatz gelangt man entlang der Marienmauer zur Jakobsstraße und zum Holzmarkt. Der Holzmarkt diente über Jahrhunderte als Holzstapel- und Trockenplatz des auf der Saale geflößten Holzes aus dem Thüringer Wald. 2008 wurde auf dem Holzmarkt das ungewöhnlich gestaltete Nietzsche-Denkmal errichtet, eine Bronzeskulptur von Heinrich Apel, der in den Figuren des sitzenden Philosophen und des selbstbewussten Mädchens einen »Dialog der Neugier« sah. Das Denkmal befindet sich unweit des Hauses im Weingarten, in dem der kranke Nietzsche mehrere Jahre von seiner Mutter gepflegt wurde (siehe Nr. 21).

Am letzten August-Wochenende findet auf dem Holzmarkt alljährlich das Weinfest statt, zu dem viele Weinkenner aus Nah und Fern anreisen, angezogen besonders von den heimischen Weinen der Saale-Unstrut-Region.

Die »Alte Post« mit der
Jakobs-Apotheke

16 | Jakobsstraße

Die Jakobsstraße erhielt ihren Namen von der Jakobskirche, die sich hier befand. Bereits seit dem 13. Jahrhundert ist ihre für mittelalterliche Städte außergewöhn-
liche Straßenbreite belegt – ein Zeichen, dass sie schon
in früher Zeit als Handelsweg in Richtung Leipzig von
überregionaler Bedeutung gewesen ist. Die heutige Bebauung mit drei- bis viergeschossigen Häusern stammt
aus dem 16. bis 19. Jahrhundert. Zwei Bauten verdienen
besondere Beachtung: Die »Alte Post« (Jakobsstraße 26)
entstand 1574 als stattliches Renaissancegebäude mit
einem Sitznischenportal, über dem sich ein prachtvoller
Erker erhebt. Mehr als zwei Jahrhunderte lang fungierte
es unter dem Namen »Zum güldenen Harnisch« als eines der größten Gasthäuser der Stadt, bis es ab 1824 als
Kaiserliches Post- und Telegraphen-Amt genutzt wurde.
Heute hat hier die Jakobs-Apotheke ihren Sitz. Während
die »Alte Post« in den letzten Jahren aufwendig saniert
worden ist, harrt der ehemalige Gasthof »Zu den drei
Schwanen« (Jakobsstraße 28/29) noch seiner Wiederer-
weckung. Erbaut 1544–1553 anstelle der Jakobskirche,
ziert bis heute ein Auferstehungsrelief aus dem Vorgängerbau von 1533 die Fassade.

»Zu den drei Schwanen«

17 | Jüdengasse

Von der Jakobsstraße zweigt am Haus »Goldene Rose« nach links ein Torbogen in die Jüdengasse ab. Hier befand sich im Hochmittelalter das Wohnviertel der Juden mit Synagoge, Schule, Rathaus und Mikwe (Ritualbad). Das immer wieder durch Spannungen gekennzeichnete Zusammenleben mit der christlichen Mehrheitsgesellschaft – ein Pogrom forderte im 14. Jahrhundert viele Opfer – endete 1494 mit der vom Landesherrn betriebenen Auflösung der jüdischen Gemeinden in ganz Sachsen. In Naumburg wurden Schule und Synagoge zerstört, die Wohnhäuser abgerissen, Grund und Boden an Naumburger Bürger verkauft – bis heute ist es nicht gelungen, archäologische Spuren des einstigen jüdischen Lebens aufzufinden. Erst im 19. Jahrhundert konnten sich Juden wieder in der Stadt niederlassen. Nach 1933 wurden die jüdischen Geschäfte enteignet beziehungsweise »arisiert«. 1942 wurden die verbliebenen, meist älteren Juden in das jüdische Altersheim nach Halle verbracht und von dort aus wenig später deportiert. Ein in die Mauer eingelassenes modernes Relief erinnert an die Verfolgung und Vertreibung der Juden aus Naumburg. Der heutige Gassenzug zeigt die Bebauung des 18. und 19. Jahrhunderts.

»Lebensbaum« am Eingang zur Jüdengasse

Karl Richard Lepsius
1810–1884, Ägyptologe.
Der gebürtige Naumbur-
ger wurde berühmt für die
erstmalige Systematisie-
rung und die methodische
Erforschung der ägyp-
tischen Hieroglyphen.
1842–1846 unternahm er
im Auftrag des Königs von
Preußen eine Expedition
nach Ägypten. Nach einer
Vereinbarung mit der
ägyptischen Regierung
durfte Lepsius viele
Originalstücke mitneh-
men. Damit konnte er eine
umfassende ägyptische
Sammlung im königli-
chen Museum einrichten.
Die Fundstücke und
Erkenntnisse Lepsius' sind
bis heute von elementarer
Bedeutung.

18 | Topfmarkt

Die Jüdengasse mündet in den Topfmarkt. Hier befand
sich ursprünglich der Kirchhof der Wenzelskirche. Nach
seiner Aufhebung 1536 und der Umgestaltung zu einem
Platz hatten hier während der Naumburger Messen die
Töpfer ihre Stände. Seit 1996 steht auf dem Platz der Vo-
gelfängerbrunnen des Bildhauers Carsten Theumer.

Am Topfmarkt 17, einem im 19. Jahrhundert erwei-
terten Renaissance-Gebäude, ist eine Gedenkstätte für
zwei Naumburger Künstler eingerichtet worden, die
Konzertpianistin und Klavierpädagogin Anny Schäfer
und den Maler und Kunstprofessor Fritz Rentsch (Mi/
Sa 11–15 Uhr). Zwei Häuser weiter sieht man das Ge-
burtshaus des berühmten Ägyptologen Karl Richard
Lepsius (Große Wenzelsstraße 38).

19 | Stadtkirche St. Wenzel

Besichtigung Mai–Okt.: Mo–Sa 10–17 Uhr, So 10 Uhr
(Gottesdienst); Apr./Nov.: Mo–Sa 13–15 Uhr;
Orgel-Kurzkonzerte (30 Min.) Mai–Okt.: Mi/Sa/So 12 Uhr

Zwischen Topfmarkt und Marktplatz liegt die Wenzelskirche, das markanteste sakrale Bauwerk und zugleich
Wahrzeichen der Ratsstadt von Naumburg. Der spätgotische Bau von 1426 erhielt 1493 sein Westportal, das
als Kielbogenportal mit hoher Kreuzblume gestaltet
ist und in den seitlichen Figurennischen die Standbilder von Maria und dem Heiligen Wenzel aufweist. Die
beiden im Hauptschiff befindlichen Gemälde »Jesus als
Kinderfreund« und »Anbetung der Könige« wurden von
Lucas Cranach d. Ä. bzw. in dessen Werkstatt geschaffen.
Das Taufbecken aus Bronze stammt aus dem Jahr 1441
und ist so groß, dass ein Kind zur Taufe ganz getaucht
werden konnte. Bemerkenswert ist auch die Grabplatte
des August Leubelfing, Page des Schwedenkönigs Gustav Adolf II., der in der Schlacht von Lützen (6. November 1632) schwer verletzt wurde und am 15. November
1632 in Naumburg verstarb.

1677–1680 realisierte der Zeitzer Hofbildhauer Heinrich Schau die Errichtung der dreigeschossigen Altar-

Oben: Westportal
Rechts: Stadtkirche St. Wenzel, davor das »Schlösschen«
am Markt

wand mit den schräggestellten Seitenteilen. Der Dresdner Maler Johann Oswald Harms schuf ab 1683 das Altarbild.

Das berühmteste Ausstattungsstück der Kirche ist die über 250 Jahre alte Orgel, die 1743–1746 von **Zacharias Hildebrandt** erbaut wurde. Er fügte sie in das bereits 1695–1697 von dem Bildhauer Johann Göricke errichtete Barockgehäuse ein. Zur Abnahme der Orgel am 27. September 1746 kamen eigens Johann Sebastian Bach und Gottfried Silbermann nach Naumburg und bescheinigten Hildebrandt, er habe »alles und jedes mit gehörigem Fleiße verfertigt«. Wenig später wurde Bachs Schwiegersohn Johann Christoph Altnikol Organist an St. Wenzel. 1993–2000 wurde dieses Juwel barocker Orgelbautradition aufwendig restauriert.

Eine besondere Attraktion bietet der Aufstieg auf den Turm der Kirche, der mit etwa 72,4 Metern höher als der Dom ist. Nachdem man die 202 Stufen überwunden hat, vorbei an der Türmerwohnung in 48 Metern Höhe (die noch bis 1994 bewohnt war!), kann man von der Plattform aus einen herrlichen Rundblick über Naumburg und das Saale-Unstrut-Tal genießen.

Im Juli und August findet in der Wenzelskirche alljährlich der Internationale Orgelsommer mit internationalen Meisterkursen und Abendkonzerten statt.

Zacharias Hildebrandt
1688–1757, Orgelbauer. Hildebrandt absolvierte 1713–1721 eine Lehre bei Gottfried Silbermann in Freiberg. Durch den Bau der Orgel in Störmthal bei Leipzig wurde er mit Johann Sebastian Bach bekannt, der ihn sehr hoch schätzte. Nach einem Gerichtsstreit mit Silbermann verpflichtete sich Hildebrandt, nur noch von Silbermann zuvor abgelehnte Aufträge zu übernehmen. Er verlegte daraufhin seinen Wirkungsbereich in das westliche Kursachsen. Sein Hauptwerk bildet die mit 53 Registern ausgestattete Orgel in der Naumburger Wenzelskirche.

Prospekt der Hildebrandt-Orgel

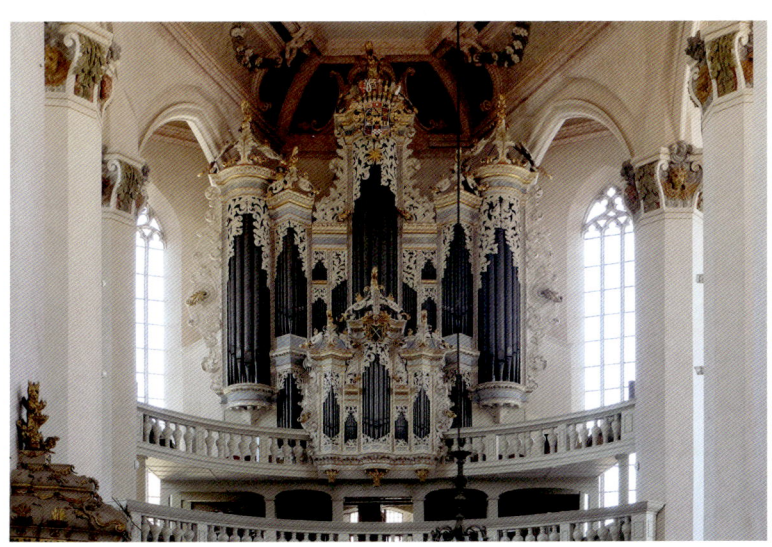

20 | Salzstraße

Haus »Zum weißen Löwen«

Die Salzstraße diente bereits im Mittelalter als Handels-weg nach Nürnberg und Frankfurt am Main, weshalb viele große und repräsentative Gasthöfe die Straße säumten. Zu bewundern sind noch heute die Häuser »Zur güldenen Sonne« und »Zum güldenen Löwen« (Salzstraße 15 bzw. 16), Gasthöfe des späten 16. Jahrhunderts mit Sitznischenportalen und barocken Hauszeichen, und der aus der Barockzeit stammende Gasthof »Zum dreyen Lilien« (Nr. 32) mit prunkvoller Fassadenzier des 18. Jahrhunderts, dessen ausladende steinerne Treppenanlage den hochherrschaftlichen Eindruck unterstreicht. Im »Weißen Löwen« (Nr. 8), der 1716 nach dem Stadtbrand im Stil des Barock neu errichtet wurde, erschien 1849 die erste Ausgabe des »Kreis-Blatts für Stadt und Kreis Naumburg« – der Beginn einer eigenen Naumburger Pressegeschichte. Am Ende der Straße standen ursprünglich das Salztor, das als stärkstes Bollwerk der Stadtbefestigung von zwei Türmen zusätzlich gesichert wurde, und davor eine Postsäule mit Meilenangaben, die jedoch beide 1826–1834 abgetragen wurden.

21 | Nietzsche-Haus und Nietzsche-Dokumentationszentrum

Apr.–Okt.: Di–Fr 14–17 Uhr, Sa/So 10–17 Uhr,
Führungen nach Voranmeldung, Tel. 03445 20 16 38

Von der Salzstraße führt der Rundgang über Salzgasse, Neustraße und Wenzelsgasse weiter zum Nietzsche-Haus (Weingarten 18). Dieses im Vergleich zu den umliegenden Wohn- und Werkstatthäusern etwas stattlichere Gebäude, das durch seine klassizistische Fassade auffällt, war von 1858 bis 1897 das Wohnhaus von Franziska Nietzsche, der Mutter des Philosophen Friedrich Nietzsche.

Die Familie war bereits 1850, nach dem Tod des Vaters, vom nahegelegenen Röcken nach Naumburg gezogen. Doch erst eine kleine Erbschaft erlaubte es der Mutter, eine eigene Wohnung für sich und ihre beiden Kinder zu mieten. Nietzsche besuchte in Naumburg das Dom-Gymnasium, bevor er 1858 Stipendiat der Landesschule Schulpforta wurde. 1878 konnte Franziska Nietzsche das Haus mit der Hilfe ihres Sohnes, der inzwischen Professor in Basel geworden war, käuflich erwerben. Von 1890 bis zum Tod seiner Mutter 1897 verbrachte Nietzsche

Elisabeth Förster-Nietzsche

1846–1935. Die Schwester des Philosophen erhielt noch zu Lebzeiten die Kontrolle über sämtliche Werke Nietzsches. Sie gründete das Nietzsche-Archiv, das zunächst in Naumburg ansässig war, 1897 aber nach Weimar umzog. Sie war maßgeblich an der Ausprägung und Ausrichtung des Nietzsche-Kultes im frühen 20. Jahrhundert beteiligt. Erst Jahrzehnte später wurden ihre umfangreichen Fälschungen, vor allem in den Briefen ihres Bruders, bekannt.

noch einige Jahre geistig umnachtet im Naumburger Haushalt, danach brachte ihn seine Schwester Elisabeth nach Weimar, wo er 1900 starb.

Seit 1994 ist das Nietzsche-Haus der Öffentlichkeit zugänglich. Eine Ausstellung dokumentiert Leben und Werk des Philosophen, während die öffentliche Hausbibliothek den Besuchern die Möglichkeit bietet, sich mit dem Werk des Philosophen auseinanderzusetzen. 2010 wurde außerdem das Nietzsche-Dokumentationszentrum eröffnet, das von der Friedrich-Nietzsche-Stiftung betrieben wird. Errichtet 2008–2010 nach Plänen des Weimarer Architekturbüros Kirchmeier Graw & Brück, dient das Haus der Pflege und weiteren Vervollständigung der umfangreichen Sammlung von Nietzscheana sowie deren Aufbereitung für die Forschung. Hierzu werden wissenschaftliche Kongresse, Tagungen, Lesungen, Konzerte sowie Ausstellungen durchgeführt.

22 | Jakobsmauer und Landskrone

1287 erhielt die Stadt Naumburg das Befestigungsrecht. Somit hatten Stadtrat und Domkapitel das Recht, die Stadt mit Wehranlagen zu umgeben, wobei die Domfreiheit von der übrigen Stadt durch eine zusätzliche Mauer abgeschnitten war.

Urkundlich erwähnt wird die Errichtung des ersten Tores, des Herrentors, gegenüber der Domfreiheit im Jahr 1363. Der erste Befestigungsring bestand noch aus Holz, Lehm und Flechtwänden sowie Wall- und Trockengräben. Diese wurden mit der Zeit ersetzt durch die heute noch sichtbaren zwei Mauerringe mit dazwischen gelegenem Zwinger und einem vorgelagerten Graben. Die innere Mauer verfügte über 18 Türme, wovon nur der Wenzelturm im Süden erhalten ist. Von den ursprünglich 16 Türmen der äußeren Mauer ist heute nur noch an der Südostecke die Landskrone an der Jakobsmauer zu sehen, erbaut 1462/63.

Ursprünglich konnte man durch fünf Tore in die Stadt gelangen; heute ist nur noch das Marientor erhalten (siehe Nr. 14). Mit Ausnahme des Herrentors hatten alle Tore ein ähnliches Erscheinungsbild. Als Material verwendete man in der Hauptsache Kalk und Buntsandstein.

23 | Wenzelsmauer und Wasserkunst

Wenzel von Böhmen (siehe S. 20) ist der Schutzpatron der Stadt Naumburg. In der Wenzelsmauer, die vom ehemaligen Wenzelstor (der Porta Pecorum) zum Salztor verlief, findet man heute noch die Wasserkunst, einen der ursprünglich 16 Türme der äußeren Stadtbefestigungsmauer.

Etwa 1480 aus Bruchsteinmauerwerk auf quadratischem Grundriss errichtet, erfuhr der Turm nach Aufgabe der Stadtbefestigung zu Verteidigungszwecken im 17./18. Jahrhundert eine Umnutzung zur Wasserkunst bei gleichzeitigem Einbau eines Wasserauffangbeckens. Den Bau übernahmen die Naumburger Meister Hans Schmidt, Georg Ludwig, Peter Sonnenkalb und der Ziegeldecker Paul Sachs. Sie brachten verschiedene funktionelle Verbesserungen an und setzten ein Fachwerkgeschoss auf. Für den Bau verwendeten die Handwerker Steine des alten Georgenklosters. Die Wasserkunst verfügt somit über vier Stockwerke, größere als die üblichen Turmfenster, um eine Nutzung auch als Wohnung zu ermöglichen, und einen Durchgang in die Wenzelsmauer. Ein Walmdach bekrönt den Turm. Gegen Ende des 19. Jahrhunderts wurde die Arbeit der Wasserkunst eingestellt.

24 | Präsidentenhaus

Stadtarchiv Naumburg (Kramerplatz 1)
Do 9–13 Uhr

1701 errichtete Herzog Moritz nach Leipziger Vorbild ein Opernhaus am Ende der Neustraße, das jedoch bereits 1716 bei dem verheerenden Stadtbrand, dem innerhalb von sieben Stunden über 200 Häuser zum Opfer fielen, vernichtet wurde. An seiner Stelle, am heutigen Kramerplatz, baute man 1829–1832 ein Wohnhaus für den ersten Präsidenten des Oberlandesgerichts Naumburg, Gustav Wilhelm Freiherr von Gaertner (1776–1840).

Später erfuhr das Haus mehrfache Um- und Ausbauten, die sich durch die wechselnde Nutzung ergaben. Nach dem Gerichtspräsidenten zog zunächst das Stadtarchiv ein. Dieses wurde von der Station Junger Techniker abgelöst, welche wiederum einem Kinderfreizeitzentrum Platz machten. Als 1991 das Stadtarchiv wegen Rückführungsantrag des Alteigentümers aus dem Haus am Georgenberg ausziehen musste, begann die Stadt mit einer grundlegenden Sanierung. Nach Abschluss der Bauarbeiten zog das Stadtarchiv 1994 in die neuen Räume und nutzt das Gebäude bis zum heutigen Tag.

25 | Salztorhäuschen

www.theater-naumburg.de

Das alte Salztor war das am stärksten befestigte Tor der Stadt. Nachdem es 1834 abgerissen werden musste, entstanden als Ersatz, aber außerhalb des eigentlichen Stadtmauerrings, 1834/35 die beiden klassizistischen Salztorhäuschen. Unsicher ist, von wem die Entwürfe stammen – einige Quellen nennen den Naumburger Architekten Schröder, andere wiederum den Kondukteur und Baumeister Friedrich Erdmann Schmid. Einander spiegelsymmetrisch gegenüberstehend, flankierten die Salztorhäuschen, wie ihr Vorgängerbau, die Zufahrtsstraße und dienten zuerst als Zollhäuser, ab 1874 auch als Wach- und Arrestlokal. 1938 ließ der Reichsluftschutzbund zwei Luftschutzräume in ihnen einrichten, und 1939 beherbergten sie die Stadtbibliothek.

Seit der Instandsetzung des Daches und der Fassade im Jahre 1914 mussten knapp achtzig Jahre vergehen, bis es zu einer weiteren Sanierung der Gebäude kam. Heute beherbergt das östliche Salztorhaus die »Bibliotheca Lepsius«, das westliche Haus dient dem Theater Naumburg als Veranstaltungs- und Ausstellungsraum.

Götz Friedrich
1930–2000, Regisseur. Der gebürtige Naumburger war an der Komischen Oper Berlin Schüler, dann Mitarbeiter von Walter Felsenstein. Er inszenierte bald auch im westlichen Ausland und kehrte 1972 von einem Gastspiel in Stockholm nicht zurück. Friedrich arbeitete als Regisseur an der Hamburger Staatsoper und am Royal Opera House in London. 1981–2000 war er Generalintendant und Chefregisseur der Deutschen Oper Berlin.

26 | Katholische Kirche St. Peter und Paul

Die Kirche aus der Mitte des 20. Jahrhunderts beeindruckt durch ihre schlichte, verputzte Fassade und ihre zwei Türme. Ihr Vorgängerbau wurde 1862 geweiht. Diese alte Kirche erwies sich nach dem Ende des Zweiten Weltkrieges für die hinzugekommenen Flüchtlinge katholischen Glaubens aus dem Rheinland als zu klein. Man beschloss den Abriss, und der letzte Gottesdienst fand am 27. Mai 1957 statt, worauf eine Inschrift in der Südwand hindeutet. Im gleichen Jahr fand die Grundsteinlegung des vom damaligen Pfarrer Huppertz und dem Bitterfelder Architekten Johannes Reuter sen. entworfenen Neubaus statt. Zahlreiche Verzögerungen im Bau waren auf Baustoffknappheit in der DDR und einen zeitweise verhängten Baustopp zurückzuführen. Erst 1962 konnte der Magdeburger Weihbischof Friedrich Maria Rintelen das neue Gotteshaus weihen. 1983–1991 erfolgte eine Generalsanierung der Kirche.

Auf den beiden Türmen kann man den Wetterhahn, das Symbol des unbeständigen Menschen, und das Kreuz mit der Weltkugel, Krone und Fisch, dem altchristlichen Zeichen für Christus, sehen. Einziger Schmuck der Kirche ist das über dem Eingang eingearbeitete Rosettenfenster.

Michael Praetorius 1571–1621, Komponist. Ohne vorherige Musikkenntnisse und nach einem angefangenen Theologiestudium übernahm Praetorius 1587 das Amt eines Organisten in Frankfurt (Oder). Etwa um 1593 trat er in den Dienst des Herzogs Heinrich Julius von Braunschweig-Wolfenbüttel, wo er als Organist und Kapellmeister wirkte. Höhepunkte seines künstlerischen Schaffens waren die Kompositionen, die er als Leiter von Festmusiken u. a. zum Fürstentag 1614 in Naumburg schuf.

Südlich des Eingangs findet man eine Skulptur der beiden Apostel und Namensgeber der Kirche, Peter und Paul. Die Frankfurter Orgelbaufirma Sauer schuf die einmanualige Orgel im Jahre 1986.

27 | Kramerplatz

Gegenüber der Katholischen Kirche erstreckt sich der Kramerplatz mit dem 1873 errichteten Kriegerdenkmal für Naumburger Bürger, die im Deutsch-Dänischen Krieg 1864, im Deutschen Krieg von 1866 und im Deutsch-Französischen Krieg von 1870/71 ums Leben gekommen waren. Im Stil der neogotischen Tabernakelarchitektur zeigt es eine Statue der Germania, die nationale Personifizierung Deutschlands.

Dahinter ist das Jakobs- und Heilig-Geist-Hospital (Kramerplatz 6) zu sehen, das auf eine der ältesten Naumburger Stiftungen (von 1336) zurückgeht. Das Hospital wurde 1718 durch einen Neubau ersetzt und 1738 durch einen Gebäudeanbau im Bereich der Michaelisstraße erweitert. 1836 fusionierte die Stiftung mit dem Feldhospital Zum Heiligen Geist. Das Hospital diente der Unterbringung über 60 Jahre alter Naumbur-

Rechts: Kriegerdenkmal
Unten: Hospital am
Kramerplatz

40

ger Bürger und Bürgerinnen. Nach der Wende wurde das Gebäude durch die Gemeinnützige Wohnungsgesellschaft (GWG) umfassend saniert und zu Mietwohnungen umgebaut. An der Ecke zur Michaelisstraße ist der 1737 errichtete, spätbarocke Uhrturm erhalten, der heute kirchlich genutzt wird.

28 | Othmarskirche

Bereits im Jahre 1259 erwähnen alte Urkunden eine Kirche, die an der Stelle der heutigen Othmarskirche gestanden haben muss. Außerhalb des Dom- und Stadtgebietes, auf dem Othmarberg, wollte man eine Kirche errichten. Offensichtlich trug sich der Rat jedoch mit Bedenken, dass die Kirche aufgrund ihres Standortes als Stützpunkt eines feindlichen Angriffs genutzt werden könne, und entschied sich deshalb für die Errichtung eines Fachwerkbaus aus Holz. Geweiht wurde sie Othmar von St. Gallen (690–759), dem ersten Abt des Klosters Gallus.

1532, als sich Naumburg unter den Schutz des Kurfürsten Johann der Beständige stellte, sandte dieser erstmalig protestantische Geistliche in die Stadt. In der Othmarskirche wurde nun das Abendmahl in beiderlei Gestalt gereicht.

Der hölzerne Kirchenbau konnte den Witterungsbedingungen nicht standhalten. 1691 riss man das alte Gebäude ab und begann an seiner Stelle mit dem Bau der Kirche im Stil des Frühbarock. Dafür stellte man Steine des Domkapitels und der Marienkirche zur Verfügung. Der Neubau dauerte bis 1699, die Baukosten der 15 x 26,5 Meter großen Kirche betrugen 4515 Taler. Das Kirchenschiff ist rechteckig, mit einem Walmdach gedeckt, die Fassade mit relativ hoch eingefügten Fenstern sowie Pilastern und Segmentbögen gegliedert. Der Turm ist im unteren Bereich quadratisch und wird dann achteckig. Gekrönt ist er mit einer schieferbekleideten Haube und einer Laterne.

In den folgenden Jahrhunderten erfuhr die Kirche zahlreiche Umbauten. 1974–1978 gestaltete man die Kirche nach ihrer Profanierung vollständig um. In zwei Kilometer langen Regalen fanden die rund 90 000 Bücher der Bibliothek des Katechetischen Oberseminars ihren

Justus Jonas d. Ä.
1493–1555, evangelischer Theologe. Der Jurist und Geistliche Justus Jonas war Weggefährte Martin Luthers. Er gehörte zu den hervorragenden Persönlichkeiten der Reformation, vor allem, weil er zahlreiche Texte Luthers und Melanchthons übersetzte und sie so einem breiten Publikum zugänglich machte. Er vollzog die Reformation in zahlreichen Städten, so auch in Naumburg, als er 1536 für ein halbes Jahr das Pfarramt der Stadt übernahm.

vorläufigen Platz, die aber 1999 in die Universität Erfurt verlagert wurden. Heute wird die Othmarskirche als Bibliothek und Archiv der Evangelischen Kirche genutzt.

Nördlich der Kirche stand das 1330/32 von Grund auf neu gebaute, 1844 abgetragene Othmarstor.

29 | Moritzkirche

Besichtigung Juni–Sept.: Do–So 14–17 Uhr

Von der Othmarskirche führt der Rundgang weiter durch die Michaelisstraße zum Moritzberg. Hier steht im Schatten von Dom und Wenzelskirche die Moritzkirche. Nur wenige Besucher entdecken sie, obwohl Teile des Südturms und des nördlichen Seitenschiffs heute als die ältesten Bauwerke der Stadt gelten. Erstmalig erwähnt wurde die Kirche 1119, als Papst Calixtus II. die Besitzungen des Moritzklosters bestätigte, eines Nonnenklosters, das vermutlich von den ekkehardinischen Markgrafen von Meißen gestiftet wurde und zu dem die Moritzkirche gehörte. 1260 fielen Kloster und Kirche einem verheerenden Brand zum Opfer, doch wurde unverzüglich mit einem Neubau begonnen. 1544 konnte die Stadt das Kloster mit all seinen Besitztümern käuflich erwerben, gleichzeitig wurde die Moritzkirche evangelisch. Als das Kloster zu Beginn des 18. Jahrhunderts abgerissen wurde, wurde St. Moritz zur Gemeindekirche, die ehemalige Propstei zum Pfarrhaus.

Die heutige Kirche ist ein spätgotischer Neubau aus dem frühen 16. Jahrhundert, dessen beide Portale Meisterwerke spätgotischer Schnitzkunst sind. Einen besonderen Reiz übt die schlichte Innenausstattung der Kirche aus, die trotz der Beifügung neobarocker Elemente im Jahr 1880 nicht überladen oder prunkvoll wirkt. Im selben Jahr erfolgte auch der Bau des Nordturms. Besonders sehenswert sind das Kruzifix auf dem Hauptaltar aus der Erbauungszeit der Kirche, eine Grabplatte für Bischof Richwin mit Ritzzeichnung (nach 1260) sowie 15 Ölgemälde aus der sogenannten Carracci-Serie der Gebrüder Annibale und Agostino Carracci, die Christus, Maria, Johannes den Täufer und die zwölf Apostel darstellen.

Kaisersaschern
In Thomas Manns Roman »Doktor Faustus« (1943/47) spielt die Stadt Kaisersaschern eine bedeutende Rolle. Der fiktive Ort liegt zwischen Naumburg und Merseburg. Hier besucht die Hauptfigur Adrian Leverkühn das Gymnasium und erhält vom Dom-Organisten Wendell Kretzschmar Unterricht im Klavier- und Orgelspiel sowie in der Kompositionslehre. Kaisersaschern ist zugleich die Heimat seines Jugendfreundes Serenus Zeitblom, aus dessen Perspektive der Roman erzählt wird. Leverkühns Biografie ähnelt in vielen Zügen der des mit Naumburg eng verbundenen Friedrich Nietzsche.

Grabplatte für Bischof Richwin

Empfehlungen

Kadette Naumburg

Kösener Straße 50, 06618 Naumburg, Gelände begehbar, allerdings militärischer Bereich

Die Preußische Kadettenanstalt wurde 1900 fertiggestellt. Hier wurden zunächst Jungen im Alter von 10 bis 14 Jahren in Militär- und Naturwissenschaften, Sprache und Religion ausgebildet. Ab 1949 diente sie als Offiziersschule der Kasernierten Volkspolizei der DDR, später als Kadettenanstalt der Nationalen Volksarmee. Heute befinden sich darin die Bundeswehrfachschule sowie das Bundessprachenamt.

Domfriedhof mit Johanneskapelle

Zugang über Windmühlenstraße oder Lindenring, Apr.–Sept. 9–18 Uhr; Okt./Nov. 9–16 Uhr

Vermutlich in der Mitte des 16. Jahrhunderts angelegt, hatten Naumburger Domherren und höhere Verwaltungsmitarbeiter hier Anspruch auf eine kostenfreie Grabstelle. Im 20. Jahrhundert wurde der Friedhof immer weniger genutzt, sodass die Grabmale heute hinter riesigen Bäumen versteckt liegen und zum Teil fast komplett mit Efeu überwuchert sind. Seit 1864 steht die Johanneskapelle auf dem Naumburger Domfriedhof. Nach 1250 von einem an der französischen Gotik geschulten Baumeister errichtet, befand sie sich ursprünglich auf einem Domherrenhof südlich des Doms.

Max-Klinger-Haus

Blütengrund 3, 06618 Naumburg (Großjena), Apr.–Nov.: Di–So 10–17 Uhr

1903 kaufte der Leipziger Bildhauer, Maler und Grafiker Max Klinger in Großjena bei Naumburg einen Weinberg mit dem dazu gehörenden Weinbergshaus, das er ab 1909 zu einem komfortablen Wohnhaus ausbauen ließ. Nach einem Schlaganfall 1919 verlegte Klinger seinen Hauptwohnsitz nach Großjena. Hier auf dem »Klingerberg« starb er 1920 und fand seine letzte Ruhestätte. Die Dauerausstellung des Klinger-Hauses gibt einen umfassenden Einblick in das Leben und Schaffen des Künstlers.

Schulpforta

Schulstraße 12, 06628 Naumburg, Rundgang Apr.–Okt. 10–18 Uhr, Nov.–März 10–16 Uhr, Führungen Sa/So 14 Uhr

In den Gebäuden der ehemaligen Zisterzienserabtei Pforta in Schulpforte befand sich seit 1543 eine der drei sächsischen Landesschulen (neben St. Afra in Meißen und St. Augustin in Grimma). Zu den berühmtesten Schülern zählen Friedrich Gottlieb Klopstock, Johann Gottlieb Fichte, Friedrich Nietzsche und Karl Lamprecht. 1990 entstand das Internatsgymnasium »Landesschule Pforta« in der Trägerschaft des Bundeslandes Sachsen-Anhalt.

Romanisches Haus Bad Kösen

Am Kunstgestänge, 06628 Bad Kösen,
Di–So 10–17 Uhr

Das Romanische Haus war einst Bestandteil eines Wirtschaftshofes eines Zisterzienserklosters. Das 1150–1175 errichtete Haus diente dem Kloster und der späteren Landesschule Pforta als Wirtschaftsgebäude mit Stall-, Lager- und Wohnräumlichkeiten. Seit 1955 befindet sich hier ein Museum, das sowohl die Siedlungs- und Klostergeschichte als auch die Geschichte der Bad Kösener Saline präsentiert.

Landesweingut Kloster Pforta

Saalberge 73, 06628 Naumburg, Tel. 034463 3000

Mit der Erfahrung aus über 850 Jahrgängen keltert das Landesweingut Kloster Pforta in Bad Kösen neun Weiß- und sechs Rotweinsorten von ausgezeichneter Qualität. Bekannte Weinbergslagen wie die »Saalhäuser«, der »Gosecker Dechantenberg« oder der »Pfortenser Köppelberg« (seit dem Jahr 1154) sind Gütesiegel der Weinkultur. Die Weinliebhaber finden Kloster-Pforta-Weine auch in einer Vinothek im Torhaus des ehemaligen Zisterzienserklosters in Schulpforta.

Rudelsburg

Am Burgberg 33, 06628 Naumburg, OT Saaleck

Die Burgruine am Südufer der Saale wurde wohl von den Bischöfen von Naumburg zur Sicherung der Handelswege angelegt. Erstmals 1171 erwähnt, wurde sie 1348 zerstört, danach aber wieder aufgebaut. Zeitweise diente sie verschiedenen Adelsfamilien als Wohnsitz, bis sie im Dreißigjährigen Krieg endgültig zerstört wurde. Als »schönste aller Saaleburgen« wurde die Ruine schon früh im 19. Jahrhundert im Zuge der Burgenromantik und des Wandertourismus entdeckt. 1991/92 wurde die Rudelsburg umfassend saniert, sodass heute ganzjährig Gäste begrüßt und im Burgrestaurant bewirtet werden können.

Schloss Neuenburg

Am Schloss 1, 06632 Freyburg (Unstrut),
Museum Apr.–Okt.: Di–So 10–18 Uhr; Nov.–März: Di–So 10–17 Uhr
Bergfried Apr.–Okt.: Di–So 10–18 Uhr

Die um 1090 gegründete Neuenburg, hoch über dem Winzerstädtchen Freyburg an der Unstrut gelegen, wurde 1150–1230 zu einer weitläufigen, repräsentativen Anlage ausgebaut, dreieinhalb mal so groß wie die Eisenacher Wartburg. Architektonisches Kleinod ist die romanische Doppelkapelle mit ihrer außergewöhnlichen Bauzier. Sehenswert sind auch der Fürstensaal und der Bergfried (»Dicker Wilhelm«), der einzig erhaltene von drei Rundtürmen.

Naumburg an einem Tag. Ein Stadtrundgang
Herausgegeben von Mark Lehmstedt

Text: Günter Müller
Lektorat: Kristina Schulze/Lehmstedt Verlag
Karte: OpenStreetMap-Mitwirkende, geodressing.de
Fotos: Günter Müller, außer: Mareike Bardenhagen (S. U1, 1–3, 5), Torsten Pape (S. 13), PUNCTUM/Peter Franke (S. 30), Verlagsarchiv
Gestaltung: Mareike Bardenhagen/Lehmstedt Verlag
Druck: druckhaus köthen GmbH & Co. KG, Köthen (Anhalt)

Umschlag:
1: Dom
2: Steinweg
3: Naumburg, Kupferstich von Ringlin, 1740
4: Rathaus, Ansichtskarte von 1914
5: Hildebrandt-Orgel in der Wenzelskirche
6: Relieftafel »Zu den drei Schwanen« (Jakobsstraße)

Lehmstedt Verlag, Hainstraße 1, D-04109 Leipzig
Mail: info@lehmstedt.de
© Lehmstedt Verlag, Leipzig, 2025
ISBN 978-3-942473-34-7